Edmond de Goncourt

par M. de la Dixmérie

Soleinne 301 –

LETTRES

SUR L'ÉTAT PRÉSENT DE NOS SPECTACLES,

Avec des vues nouvelles sur chacun d'eux ; particulièrement sur la COMÉDIE FRANÇOISE *&* L'OPÉRA.

A AMSTERDAM;
Et se trouve à PARIS,
Chez DUCHESNE, Libraire, rue Saint-Jacques, près la Fontaine Saint-Benoît, au Temple du Goût.

M. DCC. LXV.

LETTRES SUR L'ÉTAT PRÉSENT DES SPECTACLES DE PARIS;

Avec des vues nouvelles sur chacun d'eux ; particulièrement sur la Comédie Françoise *& l'*Opéra.

LETTRE PREMIÈRE.

Comédie Françoise.

QUOI, Monſieur ! un ſéjour de plus de dix années en province ne vous fait point regretter la capitale? Vous préférez l'aſile qu'habita votre ayeul, aſile un peu gothique, à tous ces appartemens dorés par Bailly ou vernis par Martin? Vous vous bornez à donner audience à quelques Vaſſaux, tandis que vous pourriez l'attendre chez un Grand ? Vous préſidez à la culture de vos terres & vous renoncez à l'avantage de figurer dans nos jardins ſtériles, mais magnifiques ? En un mot, vous n'êtes qu'un Citoyen, un Philoſophe, tandis que vous pourriez être l'homme à la mode ? Voilà bien des ſacrifices, &, ce qui m'étonne le plus, vous croyez n'en avoir fait aucun. Je vois par vos queſtions que cette ville ne vous poſſédera plus : vous exigez que je vous entretienne de nos Spectacles ; que je vous parle, ſurtout, & de notre Opéra & de notre Comédie par excellence. Vous ignorez, ſans doute, que l'une eſt abandonnée à l'Etranger, & l'autre aux Vieillards qui peuvent encore ſe tenir trois heures debout ? Il eſt vrai qu'on étouffe les Portiers de l'Opéra Comique,

& que les *Blaiſe le Savetier*, les *Sancho-Pança*, les *la Bride*, les *Mere Bobi*, & tant d'autres perſonnages du même ordre, ont entièrement fait oublier les *Oroſmane*, les *Rhadamiſte*, les *Alceſte*, les *Phèdre* & les *Armide*, &c. une telle révolution vous étonnera, ſans doute. Pour moi, Monſieur, je ne m'étonne plus de rien. Eſt-il plus extraordinaire de voir la nuit ſuccéder au jour que le jour à la nuit? Cette alternative me ſemble très-naturelle. Tout ici-bas tend à ſe détruire & à ſe renouveller. Un beau Livre à faire, ſeroit l'hiſtoire des conjurations & des révolutions dans l'empire du goût.

Mais, enfin, il faut vous ſatisfaire. Mon vif penchant pour les Spectacles eſt bien flatté qu'ils occupent encore votre ſouvenir. De tous les plaiſirs que préſente cette Capitale, c'eſt, dites-vous, le ſeul que vous regrettiez. Eh! quel autre pourriez-vous regretter? De quoi ne pouvez-vous pas jouir? De quoi jouiſſons-nous? .... Je ne répéterai point ici le paralelle uſé de la ville & de la campagne. Je tiens à mon objet, & cet objet fournit aſſez par lui-même. Sous combien de faces ne peut-on pas l'enviſager? Il faut être bien ſuperficiel pour n'appercevoir dans les Spectacles qu'un amuſement frivole. C'eſt une inſtitution auſſi utile qu'agréable; digne en même tems des ſuffrages de l'homme de goût, & des éloges du vrai politique.

Je commence par le Spectacle qui a le plus illuſtré notre Nation, par celui qui, à cet égard, lui donne la ſupériorité ſur tous les Peuples anciens & modernes. C'eſt déſigner ſuffiſamment le Théâtre François. Les chef-d'œuvres qui l'enrichiſſent ont épuisé les éloges ; ils ne périront qu'avec notre langue ; & elle-même ne semble plus devoir périr qu'avec le monde. Son empire s'étend de jour en jour. Il embrasse le Nord & le Midi. Elle est devenue l'idiome de tous les Princes de l'Europe. C'est dans cette belle & riche langue qu'ils dictent les loix & les traités qui assurent ou le bonheur, ou le repos de leurs Sujets. Nos chef-d'œuvres Dramatiques sont applaudis sur les bords du Danube & de la Wistule, comme sur les bords de la Seine. Il n'y auroit plus aujourd'hui de Sarmates chez lesquels un *Ovide* François pût se croire étranger.

Tel est le pouvoir du génie lorsqu'il fait parler au cœur de l'homme en même tems qu'il charme son oreille. Toutes les conquêtes de l'Empire Romain n'étendirent qu'avec peine ſa langue chez les peuples conquis. Cinq à ſix Ecrivains pacifiques ont étendu la nôtre dans des climats où nos armes ne pénétrèrent jamais.

D'où provient donc l'eſpèce d'indifférence qu'affiche aujourd'hui notre Nation pour ce bel art ? Des eſprits abjects ou barbares ont eſſayé de l'avilir. D'autres qui pourroient être ſublimes, s'ils vouloient ceſſer d'être biſarres, ont oſé le peindre comme dangereux. Enfin, le gros du Public a déſerté le Théâtre de Molière pour courir à celui de Pantalon. *Zaïre* ne fait plus verſer de larmes qu'à des yeux Ruſſes, & ce ſont les Anglois qui viennent admirer les beautés du Miſanthrope.

Encore une fois, d'où provient une ſi étrange révolution ? J'avoue que ces ouvrages immortels ont perdu le vernis de la nouveauté, ſi toutefois ils peuvent le perdre. C'eſt à mes yeux la *Vénus* des Anciens, dont les charmes ſembloient ſe renouveller ſans ceſſe. D'ailleurs, n'ai-je pas vu des farces baroques, non moins dépourvues de ſel & de vraiſemblance que de véritable muſique, attirer pour la centième fois la même foule qu'à la première ? Les faſtes de Melpomène offrent bien peu d'exemples de cette nature ; & ſi le nombre des repréſentations d'une Pièce en doit ſeul prouver le mérite ; *Mérope* & *Zaïre* ſont bien inférieures au *Maréchal ferrant*.

Il a paru depuis quinze ans ſur la Scène Françoiſe plus d'un ouvrage digne d'y reparoître dans tous les tems. Vingt répréſentations, au plus, ont épuiſé le concours du Public.

Ce Public n'accuſera cependant point le Théâtre François d'une ennuieuſe uniformité. Que de tréſors différens il étale à nos yeux ! Quel fonds inépuisable de Pièces dans tous les genres ! Nos quatre grands Tragiques ont mis en jeu tous les ressorts de cet art sublime. *Corneille* épuise notre admiration : *Racine* émeut délicieusement notre pitié : *Crébillon* nous subjugue par la terreur : *Voltaire* à tous ces moyens unit l'art de nous instruire, de nous rendre l'Humanité chère. Sa morale est celle de tous les tems, de tous les lieux, de tous les hommes. Ces quatre célèbres rivaux n'ont pas même interdit la carrière à d'autres émules. Un grand nombre de Poètes tragiques ont moissonné sur leurs pas des lauriers qui ne paroissent point destinés à se flétrir. On verra toujours avec les mêmes applaudissemens l'*Ariane* & le *Comte d'Essex* de Thomas Corneille ; l'*Andronic* & le *Tyridate* de Campistron ; le *Man-*

lius de la Fosse ; l'*Ino* & *Mélicerte* de la Grange ; l'*Inès de Castro* de la Mothe ; le *Gustave* de M. Piron ; la *Didon* de M. Lefranc ; la *Venise sauvée* de M. de la Place ; le *Denis le Tyran* de M. Marmontel ; l'*Iphigénie en Tauride* de M. de la Touche ; L'*Hypermnestre* de M. le Miere ; la *Zelmire* de M. Du Belloy, à laquelle il faut joindre le *Siège de Calais*, pièce du même Auteur, & dans un genre neuf. C'est la seule de nos Tragédies où le Patriotisme, tel que nous devons l'avoir, soit exposé & développé. Je ne parle point de nos plus jeunes Poëtes. Plusieurs d'entre eux ont eu des succès brillans & mérités. Ils peuvent même avec du travail, de l'émulation, des amis & de la docilité, maintenir pour leur part l'honneur de la Scène Françoise. Avouez, Monsieur, que le nombre de ces Pièces isolées est déja par lui-même bien imposant & bien respectable. Quel est le Théâtre étranger qui peut faire des preuves équivalentes ?

Peut-être sommes-nous encore plus riches dans le genre de la Comédie. La supériorité de *Molière* sur tous les Comiques anciens paroît décidée, & lui-même, sauf le droit d'aînesse, a cependant été égalé par quelques-uns de ses successeurs. D'autres se sont frayé une route que Molière ne connut ou ne fréquenta jamais. L'un (M. *Destouches*) éleva le ton de la Comédie sans cesser d'être comique. L'autre (M. *de la Chaussée*) intéresse le cœur & l'esprit. Un troisième (M. *de Saint-Foix*) réjouit l'un & porte dans l'autre des images délicieuses. En un mot, on a fait prendre à *Thalie* tous les tons qu'elle pouvoit adopter, & tous ont de quoi plaire à une nation ſpirituelle & délicate.

Je ne dois pas oublier un autre genre de progrès nouvellement accrédité. Il regarde la Tragédie. On a ſouvent dit qu'elle manquoit d'action dans nos grands Tragiques du dernier ſiècle. *Racine* ſurtout, qu'on a ſurnommé avec raiſon le *Raphael* de la Poéſie Françoiſe, a comme lui négligé ou ignoré les grands effets. Le plus ſouvent il met en récit ce qu'il eût pu mettre en action. Je n'en citerai qu'un exemple, & c'eſt dans Iphigénie en Aulide que je le prends. Vous ſavez, Monſieur, que cette Pièce eſt terminée par un récit. L'expreſſion, les détails en ſont admirables : cependant il ne produit qu'un effet médiocre. Quel effet, au contraire, ne produiroit pas l'action qu'il renferme, ſi cette action étoit placée ſous nos yeux ? Si l'on voyoit d'un côté *Achille* menaçant & furieux s'emparer d'*Iphigénie*, placer autour d'elle une troupe de Guerriers ; *Clitemnestre* les exciter à défendre les jours de sa fille ; *Agamemnon* se voiler avec son manteau ; *Eriphile*, par son inquiétude & son maintien,

Du fatal sacrifice accusant la lenteur.

Si l'on voyoit, d'un autre côté, briller les armes menaçantes des Grecs ; si tout annonçoit un combat inévitable & sanglant, & qu'alors le Grand-Prêtre s'avançât entre les deux partis, *l'air farouche, l'œil sombre & le poil hérissé*, prononçant d'une voix prophétique ces propres vers de *Racine* :

Vous, *Achille*, & vous, Grecs, qu'on m'écoute.

Si, lorsqu'il s'avance pour saisir *Eriphile*, elle lui crioit comme dans le récit :

Arrête ! & ne m'approche pas.
Le sang de ces Héros, dont tu me fais descendre,

Sans tes profanes mains saura bien se
répandre.

Si en parlant ainsi elle couroit s'emparer du couteau sacré, s'en frappoit, expiroit, & qu'un coup de tonnerre accompagnât ce sacrifice, &c. &c. croyez-vous, Monsieur, qu'un tel dénouement n'ajoutât rien au mérite de cette Tragédie ? Pour moi, j'augure qu'il acheveroit d'en faire un chef-d'œuvre. On n'osoit presque rien, en fait d'action tragique, du tems de *Racine*, ou du moins, lorsqu'il composa *Iphigénie*. Il est à croire que s'il l'eût composée de nos jours, il eût osé davantage. Le dirai-je, Monsieur ? je voudrois qu'une main habile y suppléât. Il faudroit, par cette raison, faire plusieurs changemens dans l'Acte même. Hé bien ! on les feroit. Ne croyez pas que je propose ici de mutiler en rien les œuvres de Racine. Ces changemens n'auroient lieu que pour le Théâtre. Eh ! qui osera se charger d'une telle entreprise, demandera quelque Enthousiaste ? La moindre Pièce de Racine doit être, pour ses successeurs, la Vénus de Praxitele. Mais laissons parler la prévention ou l'ignorance. J'ai pour cet illustre Poëte l'admiration la plus sincere. Il a porté au plus haut point l'élégance de la versification : il développe, il épuise le sentiment. Il sait même, au besoin, être nerveux & élevé. En conclurons-nous qu'il seroit impossible de faire, pour la Scène, quelques légères additions à un de ses ouvrages ? L'Auteur de *Zaïre*, *d'Alzire*, de *Mérope*, &c. ne pourroit-il y prétendre sans témérité ? Il y en auroit à dire le contraire. Desirons seulement qu'il daigne en prendre la peine, & ne doutons pas de la réussite.

On ne reprochera point à nos

jeunes Auteurs d'épargner le Spectacle. Craignons plutôt qu'ils ne le prodiguent. Il feroit dangereux de lui facrifier le fonds même de la Tragédie. L'excès dans les meilleures chofes eft toujours nuifible: mais en gardant fur ce point un jufte équilibre, l'art & nos plaifirs ne peuvent qu'y gagner.

Ces progrès ne regardent que les feuls Auteurs. Il en exifte d'une autre efpèce, & qui ne doivent être attribués qu'aux feuls Comédiens François de cette Capitale. Je parle de l'exacte obfervation du coftume, de la vérité dans l'imitation des autres objets acceffoires, & du preftige heureux qui en réfulte. La même Pièce d'*Iphigénie en Aulide* en fournit un exemple. On voit maintenant, à l'ouverture de cette Tragédie, la nuit regner fur tout le camp des Grecs. La feule tente d'*Agamemnon* eſt éclairée dans l'intérieur. On y voit ce Prince occupé à fermer une lettre & marquer par ſes mouvemens une partie du trouble qui l'agite & des vœux qu'il forme. Il ſort de ſa tente & vient à tâtons chercher *Arcas* qui dort à l'entrée de la ſienne. Il le pouſſe, l'agite, & c'eſt alors qu'il prononce ce vers :

Oui, c'eſt Agamemnon, c'eſt ton Roi qui t'éveille.

Le jour paroît inſenſiblement, & on voit les ſoldats s'éveiller d'eux-mêmes, reprendre leurs poſtes, &c. Tout cela eſt dans l'exacte vérité, & contribue à l'illuſion théâtrale. Il eſt beaucoup d'autres Pièces où ces moyens acceſſoires ſont encore plus multipliés. Nulle dépenſe ne rebute les Comédiens. Ils ont réformé, à cet égard, juſqu'à l'Opéra même. Il fut un tems où l'on voyoit ſur ce dernier Théâtre *Cybelle*, *Junon*, *Vénus*, *Proſerpine* vétues à la Françoiſe & enſevelies dans un énorme panier. Les mêmes abus ſubſiſtoient ſur la Scène de *Corneille* & de *Racine*. On y voyoit paroître *Achille* en petit chapeau ſurmonté d'une aigrette blanche ; *Achille* avec des manchettes, des gants & des bas blancs. C'étoit auſſi avec des gants très-blancs qu'*Horace* poignardoit ſa ſœur. On eût pris *Andromaque* pour la veuve d'un Colonel François. Tout, enfin, étoit à contre-ſens, tout viſoit à détruire l'illuſion que le Poète cherchoit à faire naître.

Cette illuſion, je le répète, ne laiſſe aujourd'hui rien à deſirer. Ce qui la rend encore plus complette, ce ſont les grands talens des principaux Acteurs de ce Théâtre. Ils joignent la vérité du débit à celle de l'imitation extérieure. Ce que j'appelle vérité dans le débit ne suppose point que l'art doive en être exclus. C'est lui, au contraire, qui la donne. La déclamation elle-même est un art, & tout art a ses principes, tous ont pour but l'imitation de la nature ; mais cette imitation exige un choix, des supplémens. C'est la nature embellie, perfectionnée. Il est à croire que *Phèdre* & *Andromaque* ne parloient pas comme *Racine* les fait parler ; mais s'il se fût borné à écrire comme elles parloient, je doute qu'on l'eût jamais surnommé l'élégant *Racine*. Il en doit être ainsi des Acteurs dans la Tragédie. Leur ton doit s'élever au-dessus du ton des conversations ordinaires, à proportion de ce que le Poëte s'y éleve lui-même.

On m'opposera, sans doute, un exemple que je respecte ; mais qui ne fait point preuve contre ce que j'avance. Une de nos deux grandes Actrices tragiques néglige quelquefois de soutenir son jeu, & néanmoins ce jeu surprend, étonne, maîtrise. On ne lui reproche point cette inégalité ; je l'avoue : mais cette inégalité n'est-elle pas elle-même un trait de l'art ? Michel-Ange est moins soutenu que Raphael : dira-t-on que Michel-Ange n'ait mis aucun art dans ses tableaux ? ce seroit démentir l'évidence. Il néglige certains détails pour appuier davantage sur d'autres. Raphael, au contraire, n'en néglige aucun. Celui-ci charme continuellement, l'autre étonne par intervalles. Tous deux sont grands Peintres.

La Comédie a fait des pertes dignes de tous nos regrets. Pour en avoir la preuve, il suffit de nommer l'inimitable Mademoiselle *Dan-*

geville. Vous avez vu, Monſieur, cette Actrice unique ; vous applaudiſſiez avec tranſport à ſes rares talens, & c'eſt l'effet qu'ils ont toujours produit ſur toutes les claſſes de Spectateurs. Il n'y eut jamais à ſon égard ni refroidiſſement, ni partage d'opinions. Mais auſſi quelle fineſſe de tact & de jeu ! Quel enjoûment, quelle vivacité dans ſes rôles de ſoubrette ! Quelle décence, quelle vérité dans ceux d'un genre noble ! Quelle pittoreſque imitation dans ceux qu'on nomme *rôles de caractères !* Tout fut marqué à ſon coin véritable : tous les traits furent exprimés, toutes les nuances ſaiſies & diſtinctes : en un mot, Mademoiſelle *Dangeville* eut le vrai génie de ſon art, & elle y joignit tout ce que l'eſprit & le goût peuvent ajouter au génie.

On pourroit joindre à ce juſte

éloge celui de la touchante *Gaussin.* Le souvenir de leurs charmes & de leurs talens ne sera pas sitôt effacé. Mais, pour cela, fermerons-nous les yeux sur les progrès des jeunes Actrices qui entrent dans la même carrière? Que d'autres talens viennent encore à l'appui des leurs! Je me suis interdit les détails personnels; mon objet ne regarde que le genre & la totalité du Spectacle. J'ajouterai seulement que la réunion de toutes les troupes de Comédiens qui habitent les Provinces & les Cours de l'Europe, ne fourniroit pas une troupe aussi complette en tous genres que l'est aujourd'hui celle des Comédiens François de cette Capitale. Toutes, pour mieux dire, ne servent que d'écoles préliminaires pour y arriver. C'est l'unique but que se proposent leurs principaux Sujets, & tel qui dans ces troupes occupoit le premier rang, ne murmure point d'être ici placé au dernier.

Ce Spectacle est, après l'Opéra, le moins fertile en nouveautés. La difficulté du genre en est, sans doute, la principale cause. Il n'est rien moins qu'aisé de bien combiner une intrigue, de bien filer une scène, & de soutenir des caractères. Le Public, si indulgent au Théâtre du Marais, garde en général toute sa sévérité pour celui-ci. Il est naturel, en effet, d'y exiger ce qui ne se trouve pas sur l'autre. Mais aussi n'est-il pas étonnant de voir les jeunes Auteurs courir aux succès les plus faciles. On ne s'amuse point à distinguer les applaudissemens d'avec les suffrages. Là où se trouve le lucre on pense trouver la gloire, ou plutôt on néglige la gloire quand la nation se relâche sur le goût.

J'ai entendu plus d'un Auteur se plaindre

plaindre des difficultés qu'éprouve un Ouvrage pour être admis ſur la Scène Françoiſe. Il ſeroit dangereux de porter ces difficultés trop loin. D'autre part, il ſeroit injuſte d'exiger que les Comédiens reçuſſent toutes les Pièces qu'on leur préſente. Il leur arrive encore ſouvent de ſe tromper ſur le choix : c'eſt qu'un pareil choix eſt difficile à faire. C'étoit l'Aréopage, qui du tems des *Sophocle* & des *Euripide* ſe trouvoit chargé de ce ſoin. Ce tribunal, qu'on diſoit avoir autrefois jugé les Dieux, ne croyoit pas y déroger en appréciant les chef-d'œuvres de l'eſprit humain. Que les tems ſont changés ! Voici encore une autre différence. Le Poète dont l'ouvrage venoit d'être reçu étoit couronné de laurier dans l'Aréopage même & conduit en triomphe par toute la ville. Ce Poète, après tous ces honneurs, devenoit pour l'ordinaire, Acteur dans sa Pièce ; il faisoit ce qu'a depuis fait notre illustre *Molière* : mais ce dernier fut méprisé du peuple de Paris, & les autres gouvernoient souvent celui d'Athènes. Ils pouvoient arriver aux premières charges de la République. *Sophocle* parvint à la dignité d'Archonte. C'est, Monsieur, comme si le célèbre *Goldoni* devenoit Doge de Venise ; avec cette différence, qu'il n'a jamais joué dans aucune de ses Comédies.

Revenons à la manière dont on choisit les Pièces qui doivent être jouées sur la Scène Françoise. Les seuls Comédiens en décident, & bien des Auteurs se sont récriés contre cet usage. Quelques-uns d'entre eux voudroient n'avoir pour juges que des gens de Lettres. J'ignore s'ils y trouveroient mieux leur compte. La crainte de hazarder une décision, de compromettre leur goût, les rendroit souvent trop circonspects. D'autres motifs moins louables pourroient encore s'y joindre. Il est toujours épineux d'être jugé par ses rivaux. J'avoue, par exemple, qu'un corps choisi, tel que l'Académie Françoise, doit être à l'abri de ce soupçon ; mais en la nommant juge dans cette partie, le premier inconvénient subsisteroit toujours. Il y auroit, peut-être, ici un milieu à prendre. Ce seroit qu'un certain nombre d'Académiciens François assistassent à la lecture d'une Pièce & eussent voix délibérative avec les Comédiens. Vous voyez, Monsieur, que je mets à l'écart un préjugé très-injuste, & je ne pense pas que nul véritable homme de Lettres en soit atteint. Je poursuis, & je crois pouvoir dire auſſi que nul homme de Lettres n'eſt en état de prévoir l'effet d'une ſituation, d'un coup de Théâtre, comme les Comédiens. Ils ont, à cet égard, une expérience que l'Auteur le plus conſommé ne peut avoir. La plupart même d'entre eux ſont en état d'apprécier un Drame dans tous ſes points. Les Membres de l'Académie ne ſeroient qu'un ſupplément à ce nombre. Mais, j'oſe le dire, ce moyen ne ſuffiroit pas encore pour éviter les mépriſes. Il en eſt un plus aſſuré, auſſi ſimple, & que je préſume être immanquable. Il pourroit, en même tems, être une reſſource de plus pour les Comédiens. Le voici tel qu'il ſe préſente à mon imagination.

Mille exemples prouvent qu'on ne juge bien d'une Pièce de Théâtre que ſur le Théâtre même. Telle Tragédie m'avoit paru excellente à la lecture que j'ai trouvé défectueuse à la représentation. Des Connoisseurs du premier ordre s'y sont également trompés. On s'y trompera dans tous les tems. Le seul moyen d'agir à coup sûr seroit donc de lire & de représenter la Pièce tout-à-la fois, c'est-à-dire, la représenter le rôle à la main : car exiger que les Acteurs l'apprissent de mémoire, ce seroit leur imposer une tâche accablante & souvent superflue. Il faudroit aussi que la Pièce eût été d'avance jugée digne de la lecture : précaution indispensable, surtout depuis qu'il est d'usage de ne sortir du Collège que muni de deux ou trois Tragédies.

Cette lecture en action seroit affichée, & la rétribution seroit la même que pour une Pièce ordinaire, ou, si l'on le juge à propos, que pour une Pièce nouvelle. Il est peu d'Amateurs qui ne voulussent en courir les risques, pour avoir part à ce genre de décision. Elle épargneroit souvent aux Comédiens une dépense & un travail superflus. Elle fourniroit souvent aux Acteurs les moyens de se rectifier. Souvent aussi elle abrégeroit des lenteurs que l'incertitude autorise chez les Comédiens; mais que le Poète ne supporte qu'avec impatience. Il jouiroit plutôt de sa gloire & des fruits de son travail, ou bien il sauroit moins tard en quoi ce travail est défectueux.

Je sais qu'une Tragédie, & surtout une Tragédie à grand spectacle, ne paroitroit dans ce moment que dépourvue de tout son appareil : mais l'Auditeur en seroit prévenu; il y suppléeroit volontairement. Il sauroit qu'il n'assiste qu'à une lecture. Ce seroit même le cas d'y inviter quelques gens de Lettres. L'Académie Françoiſe pourroit y députer quelques-uns de ſes Membres ; & l'on ſent qu'après un tel examen, leurs conſeils ſeroient du plus grand poids. Je puis me tromper ; mais il me paroît difficile qu'on s'égare en ſuivant cette route.

On pourra m'oppoſer que c'eſt mettre un peu trop tôt le Public dans le ſecret d'une Pièce ; que c'eſt émouſſer la curioſité & diminuer l'affluence qui accompagne ordinairement une première repréſentation. Tant mieux, répondrai-je. Cette affluence exceſſive eſt toujours ſuperflue. Une Pièce n'en eſt que plus mal jugée : le ſpectacle n'en eſt que plus bruyant, plus interrompu. On a vu plus d'un grand Peintre expoſer aux yeux du Public l'eſquiſſe de ſes tableaux : en avoit-on moins d'empreſſement de les voir dans toute leur perfection? Zeuxis mit un jour à profit la censure d'un Savetier. Le résultat de ces assemblées offriroit à nos Auteurs modernes des critiques de plus d'une espèce, & dont ils pourroient profiter comme Zeuxis. D'ailleurs, je le répète, un Drame est une action. Ce n'est qu'en voyant l'action qu'il est possible de bien apprécier le Drame.

Dès lors, moins de fatigue pour les Comédiens, qui trop souvent ont pris la peine d'apprendre des rôles qu'ils n'achèvent pas à la représentation : plus d'incertitude sur le choix des Pièces qu'ils doivent représenter : plus de prétexte aux murmures des Auteurs : moins de lenteur pour mettre au Théâtre des nouveautés ; &, par cette raison, accroissement de bénéfice pour les

Acteurs ; plaisirs plus diversifiés pour le Public. *

On a longtems crié contre l'Orquestre de ce Théâtre. Il est devenu meilleur & n'est point écouté. Un homme de goût proposa l'année dernière d'en tirer un excellent parti. Il vouloit surtout que les morceaux qu'exécute cet Orquestre fussent plus analogues au genre des Pièces qu'on

* On ignore l'effet que produiroient ces conseils, supposé qu'ils devinssent publics : mais si les Comédiens s'en tiennent à l'ancien usage, ils ont encore un moyen de le simplifier. Que les principaux Acteurs tragiques président seuls à la lecture des Tragédies, & les principaux comiques à celle des Comédies. Par ce moyen, le travail sera partagé & d'une expédition plus facile. Je voudrois surtout que le comité fût peu nombreux, qu'on n'y fût admis que dans un âge qui suppose l'expérience. Il n'est peut-être pas dans l'ordre qu'une jeune personne de 18 ans juge un Auteur qui a travaillé toute sa vie. On sait, toutefois, qu'une féve noire ou blanche de plus admet sa Pièce, ou lui donne l'exclusion.

représente, aux endroits où ces morceaux se trouvent placés ; qu'on n'entendît point un allegro réjouissant lorsque *Seïde* est supposé poignarder son pere, *Oreste* sa mere, ou *Pharasmane* son fils. On ne peut guères qu'applaudir à des vues si sages ; mais en fait de goût, comme en fait de morale, ce ne sont pas les premiers conseils qu'on approuve, & qu'on néglige.

Il est superflu de parler ici du Ballet François. Je ne crois pas cependant qu'il soit superflu pour eux de le conserver. Ce n'est pour leur Théâtre qu'un objet accessoire : mais combien de Pièces qui ne pourroient y reparoître sans ce secours, quel qu'il soit ! D'ailleurs, il en est quelquefois sorti des Sujets distingués. Deux des principales Danseuses de l'Opéra ont brillé d'abord sur ce Théâtre.

Mais ce Théâtre lui-même eſt-il bien digne des chef-d'œuvres qu'on y repréſente ? J'en atteſte le Public en général, & chaque Spectateur en particulier. J'en atteſte ſurtout l'Etranger ou le Voyageur qui a vu les Théâtres d'Italie, d'Allemagne & même ceux de nos provinces. Par quelle fatalité ceux de notre Capitale leur ſont-ils ſi inférieurs ? C'eſt que partout ailleurs les Souverains, ou les Villes, ſe ſont chargés de cette dépenſe. Il y auroit de l'injuſtice à en exiger une pareille d'un petit nombre de particuliers tel que celui des Comédiens. Ils ont fait tout ce qu'ils pouvoient faire. La Ville de Paris fera-t-elle moins pour eux que des Villes de province n'ont fait pour des troupes ſubalternes & paſſagères ? J'avoue que la nouvelle ſalle de l'Opéra eſt un obſtacle à ce deſſein. Diſons mieux ; c'eſt un acheminement pour y arriver. On fera pour *Melpomène* & *Thalie* ce qu'on fait pour *Polymnie* & *Terpsicore :* mais ce ne sera, peut-être, qu'après un long intervalle. Certains obstacles peuvent s'y opposer ; d'autres survenir. Il y auroit, pour effectuer cette entreprise, un moyen plus court, plus simple & plus assuré : mais je crains de vous effaroucher en l'indiquant. Rassurez-vous, néanmoins : vous ne me connûtes jamais un cœur dur & impitoyable ; je sais combien les droits de l'Humanité pauvre sont respectables & sacrés : je ne prétends point appliquer à nos plaisirs des secours devenus son patrimoine ; je veux du moins qu'elle en soit amplement dédommagée d'ailleurs. Je m'explique.

Il y a, comme vous le savez, sur la recette de tous nos Spectacles un quart mis en reserve. C'est ce qu'on nomme *le quart des Pauvres.* Cet objet est des plus considérables, & l'Auteur y contribue comme le Comédien. Nulle profession quelconque n'est chargée, on peut même dire surchargée, d'un impôt aussi exorbitant. Je sais tout ce qu'on peut répondre à cette observation ; mais toutes ces réponses ne m'empêcheroient pas de la faire de nouveau & d'y joindre quelques répliques.... Je persiste donc, & je dis, que le moyen de construire une salle de Comédie Françoise vient s'offrir comme de lui-même : il ne s'agit que d'appliquer à cet objet ce qu'on nomme *le quart des Pauvres.* Il a déja été plus d'une fois question de le supprimer, par la seule raison qu'il vexe les Comédiens & les met hors d'état de fournir, sans s'obérer, à la pompe & à la dignité de leur Spectacle. Cette raison est très-valable par elle-même. Que sera-ce donc si on y joint un motif qui intéresse la conservation des Citoyens ? Plus de vingt d'entre eux risquent d'être écrasés chaque jour de Spectacle, soit lorsqu'ils veulent y entrer, soit lorsqu'ils veulent en sortir. Le défaut d'emplacement & de débouchés en est la seule cause. Pour ce qui est de la pompe & de la dignité du Spectacle, il ne peut y avoir ni vraie pompe, ni vraie dignité quand le local s'y refuse. Le genre des Pièces à grand appareil, genre nouvellement accrédité & dont nous avions besoin, exige un emplacement vaste & de nombreux accessoires. Peut-être même ne tardera-t-on pas d'y joindre un autre genre de Tragédie, telle, à-peu-près, que celle des Grecs, avec des chœurs

& toutes les parties qui en sont la suite. Je ne vois rien, au fond, qui puisse empêcher le succès d'une pareille entreprise quand le Théâtre y sera propre. Enfin, nous avons quelques bonnes Pièces à machines dont la représentation est impossible sur la Scène Françoise. Ce genre, sans être le premier, a son mérite & ses agrémens. Ne fermons aucune des portes par où le plaisir peut entrer.

Si l'on me demande en quoi & comment les Pauvres seroient dédommagés, ma réponse est que le Gouvernement saura bien y pourvoir. Il est des fonds qui conviendroient parfaitement à cet objet, & qu'il ne seroit pas décent d'employer à la construction d'une Salle de Comédie. C'est-là tout ce que j'en dirai.

Mais ce que je ne cesserai de dire, c'est qu'il est essentiel de donner à nos Spectacles toute la perfection, tout l'éclat dont ils sont susceptibles. Nos grands Poètes n'ont presque rien laissé à desirer sur le premier objet ; il est bien naturel d'y ajouter le second. C'est à coup sûr le plus facile.

De plus, une Salle de Comédie construite selon sa vraie forme, & placée où elle doit être, seroit un ornement de plus pour cette Capitale. On sait qu'elle en a trop peu, & qu'elle n'en sauroit trop avoir.

J'ai l'honneur d'être, &c.

SECONDE LETTRE.

Comédie Italienne & Opera Comique réunis.

On doit regarder la Troupe Italienne comme une colonie Etrangère, qui s'aggrandit de jour en jour aux dépens des Naturels du pays. Qu'on la laiſſe faire, elle ſera bientôt maitreſſe de tout le terrein. Sa nouvelle alliance l'a ſurtout rendu bien redoutable. Ce n'eſt pas la première fois que des nouveaux venus, d'abord mépriſés ou peu craints, ont renverſé d'antiques & puiſſantes Monarchies.

Parlons ſans figure. La réunion de l'Opéra Comique à la Troupe Italienne parut d'abord n'être d'aucune conſéquence. On regardoit même ce moyen comme le plus ſûr pour faire tomber la Scène Lyri-comique. J'avoue qu'en France un goût, quel qu'il ſoit, n'eſt guères que paſſager ; mais il eſt toujours excluſif. Celui-ci, néanmoins, paroît devenir excluſif & permanent.

Mais, dira-t-on, faut-il anéantir ce Spectacle ? Gardons-nous-en bien. J'eus toujours l'ambition d'élever plutôt que de détruire. Je voudrois ſeulement que chacun jouît de ſes droits, & fût traité comme il mérite de l'être. Je dirai plus, les Italiens ont ſouvent mérité leurs ſuccès. Il s'en faut de beaucoup que j'approuve la forme & même le fonds des Pièces à Ariettes : par ce mot j'entends ces Pièces où l'on parle & où l'on chante alternativement, & ſans qu'on ait plus de raiſon de chanter telles paroles que d'en réciter d'autres : mais quand je ſuis parvenu à mettre à l'écart ce défaut de vraiſemblance, je prends ma part du plaiſir qu'une muſique ſaillante, légère, fait goûter à l'oreille & quelquefois à l'ame. J'applaudis à l'art des Acteurs, à la préciſion de leur chant, à l'exécution totale de ces morceaux découſus. Il faut même avouer que pluſieurs de ces Pièces ne ſont point ſans mérite. Quelques-unes renferment des Scènes excellentes; quelques autres ſont tiſſues avec une intelligence qui prouve que le Poète eſt ſuperieur à ſon ouvrage. Mais le rôle brillant eſt celui du Muſicien. Les nôtres ont ſaiſi avec une facilité prodigieuſe ce genre de muſique, ſi longtems inconnu ſur nos Théâtres, & que les Italiens croyoient n'appartenir qu'à eux. Les airs qu'on extrait de ces Pièces ne forment pas moins l'amuſement des ſociétés particulières, que celui du Public aſſemblé au Théâtre.

Une des meilleures productions en ce genre sont les *Troqueurs.* C'est en même tems la plus ancienne parmi nous. On a fait depuis, pour le même Spectacle, des morceaux d'une musique plus forte & même trop forte : mais on trouve dans les *Troqueurs* le naturel uni au pittoresque, & le germe d'une infinité d'Ariettes qu'on a vû depuis éclore sous d'autres mains.

Encore une fois, Madame, je trouve dans la plupart de ces Pièces des traits heureux, une musique plus heureuse. Il y auroit donc à perdre en proscrivant le genre. Eh ! pourquoi le proscrire ? Ne détournons aucune des sources de nos amusemens ; on ne peut même trop les multiplier dans une ville où l'embarras le plus réel de tant de gens est de savoir le matin comment ils emploieront le reste du jour.

Je ne dirai donc point à nos François : renoncez aux Boufons : ce seroit trop exiger de leur complaisance. Je leur dirai seulement ; ne faites point d'un goût bisarre un goût exclusif : ne sacrifiez point *Apollon* à *Marsias*, ni *Molière* à *Tabarin*. Vous avez porté chez toutes les Nations de l'Europe le vrai genre du Théâtre. N'en rapportez point ce qu'elles ont de plus défectueux dans ce même genre. L'échange ne vous seroit ni utile, ni honorable. Un Grand peut se montrer populaire : mais s'il ne vit que parmi le peuple & même la populace, il cesse alors d'être Grand.

La Troupe Italienne, avant la réunion de l'Opéra Comique à son Théâtre, s'étoit assurée d'une ressource que cette réunion rend presque inutile. On vit le fécond, l'ingénieux *Goldoni* accourir de Venise

TROISIÈME LETTRE.

Opéra.

Les Partisans de l'Opéra Comique déclament sans cesse contre la *dignité* de notre grand Opéra. Ils la comparent à l'étiquette des Cours, & c'est assez bien motiver l'ennui dont ils se plaignent : mais il faut se rappeller que l'Opéra est le Spectacle de la magnificence. Une Tragédie Lyrique doit encore l'emporter, à cet égard, sur une Tragédie ordinaire. De plus ; le stile d'une Tragédie ordinaire doit être élevé, soutenu : pourquoi celui d'une Tragédie-Opéra le seroit-il moins ? *Armide* & *Médée* prendront-elles le ton trivial pour commander aux élémens ? *Atis* parlera-t-il à *Sangaride* comme *Colas* parle à *Rose* ? J'ai plus d'une d'une fois comparé le ſtile de *Quinaut* avec celui de *Racine*, & j'y trouve beaucoup d'analogie. Tous deux joignent l'élégance du tour au naturel de la penſée ; tous deux expriment & développent le ſentiment ; tous deux lui font parler ſon vrai langage ; tous deux filent ſupérieurement une ſcène. Mais, le dirai-je ? ce dernier mérite fut peut-être moins néceſſaire à *Quinaut* qu'à *Racine*. Cette opinion doit vous paroître bien haſardée. Je m'explique.

Toute ſcène, dans quelque genre que ce puiſſe être, doit avoir ſa marche, ſa gradation, comme l'intrigue même de la Pièce dont elle fait partie : mais diſtinguons bien ce qui ne doit être que parlé d'avec ce qui doit être mis en chant. La marche d'une ſcène Lyrique doit être rapide : elle exclut, par cette raiſon, les détails trop approfondis, les ſentimens trop analyſés. Que le Poète alors nous offre avec élégance le mot eſſentiel, nous le diſpenſerons du reſte. On ſait que la muſique allonge néceſſairement une ſcène; qu'elle en double l'étendue : or, ſi par elle-même cette ſcène eſt déja très-longue, où l'attention de l'Auditeur ſe diſſipe, ou l'ennui vient s'aſſocier à l'admiration. Nul n'eſt plus zélé partiſan que moi du récitatif de *Lulli*. Je rends juſtice au naturel exquis, à la noble ſimplicité, ſouvent même à la mâle énergie qui le caractériſent : mais, avec toutes ces qualités, il pourroit ſe faire qu'il parût monotone à quelques Auditeurs. Le récitatif n'eſt autre choſe qu'une déclamation notée; mais dans un Opéra on cherche quelque choſe de plus que la déclamation ordinaire. D'ailleurs, voyons ce qui se passe au Théâtre François : retraçons-nous la manière dont certains rôles de force y sont rendus. Je vois alternativement la rapidité succéder à la lenteur, la fureur au ton paisible. L'Acteur ou l'Actrice changent de *mode* à mesure qu'ils ont d'autres sentimens à exprimer, d'autres passions à peindre. Que Mademoiselle Dumesnil, par exemple, ait à rendre ce morceau du rôle de *Pauline* dans *Polieucte*,

> Père barbare, achève, achève ton ouvrage, &c.

Elle prendra le ton de la douleur & de l'accablement. Elle animera ce ton lorqu'elle en viendra à ce vers :

> Je vois, je vis, je crois, je suis désabusée, &c.

Elle rompra toute mesure lorsqu'il faudra exprimer ceux-ci :

Mène, mène-moi voir ces Dieux que
je déteste.

Ils n'en ont brisé qu'un, je briserai le
reste, &c.

Supposons qu'il fallût rendre ces vers en musique, à coup sûr, notre récitatif n'y suffiroit pas. Il faudroit des morceaux de mouvement, & même de divers mouvemens. Le dernier, surtout, en exigeroit des plus rapides. C'est, néanmoins, ce que n'eût point pratiqué le fondateur de notre musique : mais je présume qu'il l'eût fait de nos jours. Tout art, quoique naissant, peut être porté loin par un homme de génie : il est difficile, en même tems, qu'il ne laisse rien à faire à ses successeurs. Cependant, les premiers successeurs de *Lulli* se bornèrent à le suivre pas-à-pas & souvent de fort loin. Nous venons de voir l'Opéra de *Tancrède* essuyer à-peu-près une chute. Ce n'est certainement pas au Poëme qu'il faut s'en prendre. Je dirai plus, le Poëte avoit mis le Musicien à même de faire un chef-d'œuvre par l'heureux contraste des Personnages de cette Tragédie. Il ne falloit que mettre dans leur bouche une musique analogue à leurs différens caractères. Il falloit qu'*Ismenor* chantât en Magicien; qu'*Argant* exprimât dans ses chants la férocité de son ame. Il falloit mettre dans la bouche d'*Herminie* des morceaux intéressans, puisque son rôle ne l'est pas. Il falloit, enfin, mettre dans la bouche de *Clorinde* une musique tantôt vive & forte, tantôt agréable & touchante. A l'égard de *Tancrède*, il y auroit peu à changer dans son rôle. Ce qu'il chante, & le caractère de son chant, m'ont paru lui être assez propres. Il résulteroit de cet heureux contraste de coloris musical (passez - moi le terme) il en résulteroit, dis-je, le même effet que produit sur nous la belle Tragédie d'*Alzire.* Vous savez, Monsieur, que *Zamore* n'y parle point comme *Gusman*, ni *Montèze* comme *Alvarès.* Le genre, le ton de leurs discours, les images qu'ils emploient, les distinguent autant que les climats où ils sont nés. Il est peu de ressorts aussi assurés que celui-là pour captiver l'attention de l'Auditeur. N'en pas faire usage quand l'occasion l'exige, c'est faire preuve d'impuissance, ou de mal-adresse.

On me dira que cet à propos se renouvelle rarement ; que peu de Pièces offrent de pareils contrastes à saisir. Je répondrai que le nombre en est plus grand qu'on ne se le figure. J'ajouterai même que *Lulli* en a plus d'une fois tiré avantage.

Le morceau de la haîne dans *Armide* en est une preuve. On en trouve une autre dans le chœur du premier acte de cette même Tragédie :

> Livrons au trépas
> L'ennemi qui nous offense.
> Qu'il n'échape pas
> A notre vengeance.

J'avoue que ce ne sont là que des chœurs, & je voudrois que le même caractère se trouvât quelquefois dans les scènes. Je voudrois surtout qu'on coupât notre éternel récitatif par des morceaux de mouvement, & d'un mouvement plus ou moins rapide, mais varié. Il pourroit y avoir à retoucher au Poème. On se le permettroit pour l'usage du Théâ re seulement. Bien entendu qu'on en useroit avec modération Il s'en faut bien que *Quinaut* ait toujours ôté au Musicien la ressource de varier ses tons & ses mouvemens : mais la variété n'étoit pas du ressort de *Lulli*. C'est de quoi ses plus zélés partisans sont forcés de convenir. Toutes ses ouvertures se ressemblent. Ses airs de danse ont à-peu-près le même défaut, & sont à peine soufferts aujourd'hui. Le principal mérite de ce Compositeur est d'avoir bien connu la prosodie & même le génie de notre langue, qui, toutefois, lui étoit étrangère : mérite infiniment rare, même parmi nos Musiciens nationaux. Qu'y auroit-il donc à faire dans les Opéras de *Lulli?* ce qu'on a déja fait dans quelques-uns : refondre les airs de danse, les ouvertures, les symphonies : mais surtout, animer les plus longues scènes ; ce qu'on n'a encore osé tenter jusqu'à ce jour. Je demanderai en quoi l'attentat seroit plus réel dans ce qui reste à faire que dans ce qui est déja fait ? Regardons comme sacré le récitatif de *Lulli* partout où il est nécessaire : il seroit difficile, même aujourd'hui, de mieux réussir dans ce genre : mais que la vénération due à ce grand Artiste ne nuise point aux progrès de l'art. Sera-t-il défendu d'ajouter quelques embellissemens intérieurs à un Temple, à un Palais, sous le vain prétexte qu'il auroit été bâti par *Michel-Ange*, *Bernini*, *Mansard* ou *Perraut* ?

Je ne suis point zélateur de la musique Italienne : mais j'ai pour principe qu'en matière d'amusemens il faut les chercher par-tout où ils peuvent être. Je dirois volontiers aux Italiens : prenez de nous ce qui vous manque, & nous prêtez ce dont nous manquons. Nos Poètes mirent jadis les vôtres à contribution : les vôtres uſent aujourd'hui de repréſailles : que vos Muſiciens & les nôtres ne ſoient pas plus ſcrupuleux. Ce ne ſera point un larcin, ce ſera commercer par échange ; & ce genre de commerce eſt de tous le plus naturel & le plus légitime.

On avoue, en général, que la ſcène eſt ennuieuſe dans les Opéras d'Italie. Peut être ſont-ils trop ſorts de choſe. Peut-être la muſique eſt-elle moins propre à peindre les reſſorts de la politique & de l'ambition qu'à exprimer les fureurs de la haîne, ou les transports de l'amour. Quoi qu'il en ſoit, on trouve à la fin de chaque ſcène principale, ou du moins de chaque acte, un grand morceau de muſique, autrement dit une Ariette. Chez nous ces ſortes de morceaux ne ſe chantent guères dans la Tragédie qu'après un dénoûment heureux ;

ou dans ce qu'on nomme *les agrémens.* Ils n'expriment que la joie & les plaiſirs. Pourquoi n'exprimeroient-ils pas auſſi l'agitation, la crainte, la douleur, le deſeſpoir ? L'Ariette eſt ſuſceptible de toutes ces nuances ; elle l'eſt en même tems, de force & de dignité. C'eſt ce que le génie & le goût ſauroient bien mettre en preuve. C'eſt même ce qui ſe trouve déja indiqué par quelques morceaux chantés ſur notre Théâtre Italien. Qu'on ne m'oppoſe point la majeſté du tragique, & cette gravité monotone conſacrée par l'uſage dans tous nos grands Opéras. C'eſt un abus dont l'uſage contraire dévoileroit tout le ridicule. On ne croyoit pas qu'il fût permis de courir ſur la ſcène dans une Tragédie. On vouloit que, dans toutes les ſituations & les circonſtances poſſibles, les pas de l'Acteur fussent mesurés & cadencés. Mademoiselle Dumesnil fut la première qui osa rompre ces entraves bisarres. On la vit dans *Mérope* traverser rapidement la scène, voler au secours d'*Egiste*, en s'écriant : *Arrête ! c'est mon fils !* Auparavant on ne soupçonnoit point qu'une mère qui voloit au secours de son fils dût rompre la mesure de ses pas.

Un des plus grands obstacles aux progrès des Arts, c'est cette routine, ce sont ces préventions accréditées, c'est ce respect déplacé pour tout ce qui se trouve etabli. On ne veut point se persuader qu'on ne trouve le mieux qu'après le bien & même le bien qu'après le défectueux. La nature ne perfectionne ses ouvrages que par degrés. Nous croyons-nous plus intelligens que la nature même ?

Un homme de mérite, & dont le

ſentiment eſt d'un très-grand poids ; ſoit en matière Littéraire, ſoit en matière Muſicale, vient de publier un éloge de M. *Rameau*, éloge où l'on trouve, en même tems, plus d'une réflexion utile & motivée. Il ne ſe borne point à deſirer qu'on abrégeât le récitatif de *Lulli*, il voudroit qu'on y renonçât totalement, pour y ſubſtituer *un récitatif preſque parlé, & par conſéquent rapide en ſon débit.* Ce ſeroit donc, tout au plus, une ſimple déclamation. Mais ſuffiroit-elle dans un Opéra ? J'oſe me perſuader le contraire : j'oſe penſer que le récitatif doit être aſſez chantant pour qu'il n'y ait point trop de diſparité entre lui & les airs de mouvement, diſons même les plus grands airs, de quelque nature qu'ils ſoient. Autrement c'eſt expoſer notre Opéra ſérieux au juſte reproche qu'on fait à l'Opéra-Comique, de chanter & de parler tour-à-tour, ſans que rien exige ni autoriſe cette alternative.

J'avoue, avec M. *Chabanon*, qu'il ſe feroit alors entre le Poète & le Muſicien un partage à-peu-près égal. Chacun d'eux auroit, pour ainſi dire, ſon travail à part. L'un & l'autre pourroit y gagner; mais à coup ſûr, le genre y perdroit. La muſique doit dominer dans un Opéra, comme l'intérêt & la bonne Poéſie dans une Tragédie proprement dite. Chaque genre a ſon objet & ſes moyens. Vouloir les confondre, c'eſt ravir à chacun ſon caractère; c'eſt vraiment en faire alors des *eſpéces de monſtres amphibies*.

Gardons bien le fonds de notre Opéra tel qu'il eſt. Il nous appartient, malgré ſon origine étrangère. Sachons en même tems orner & améliorer ce fonds: mais que des jardins qui doivent être rians & délicieux ne ſoient point métamorphoſés en terres de labour. *Triptolème* ne doit point conduire ſa charrue dans les boſquets de *Cythère.*

Quelques Cenſeurs, trop économes, voudroient qu'on ſupprimât les chœurs de l'Opéra. Ils les regardent comme une dépenſe ſuperflue. Je les regrette quelquefois dans la ſimple Tragédie : à plus forte raiſon les regretterois-je dans un Spectacle où la magnificence & tous les acceſſoires doivent être prodigués. Que notre Opéra conſerve ſes chœurs, ils ſont un de ſes principaux ornemens. D'ailleurs, nos Muſiciens en ont ſouvent tiré le meilleur parti. Nous avons pluſieurs de ces ſortes de morceaux qui produiſent un effet admirable. De plus, il eſt certaines Pièces dont les chœurs font eſſenciellement partie,

& qu'il faudroit donc ſupprimer avec eux.

Ce qu'il faut vraiment ſupprimer, vraiment proſcrire de ce Spectacle, c'eſt la longueur dans les ſcènes, l'uniformité dans la muſique, la monotonie dans le chant des Acteurs. Ce dernier point a déja été plus d'une fois touché dans le Mercure de France, article des Spectacles. L'homme de goût qui préſide à cette partie y donne aux Chanteurs & aux Chanteuſes de l'Opéra des conſeils dont quelques-uns ont déja fait leur profit. Eſpérons qu'ils ſeront bientôt imités par ceux qui n'ont point donné cet exemple.

Au moyen de ce débit, plus varié, plus prompt, notre récitatif ſe montrera tel qu'il eſt, & en général il eſt bien. Toutefois, les changemens dont j'ai parlé plus haut ne m'en paroîtront pas moins néceſſaires.

Je m'arrêterai peu sur la Danse & les Ballets de l'Opéra. C'est à coup sûr aujourd'hui sa partie brillante. Les Ballets sont, en général, très-bien adaptés au sujet, & très-ingénieusement variés & composés. Quant à l'exécution, elle est parfaite. L'Opéra François peut se flatter de réunir dans tous les genres les meilleurs Danseurs de l'Europe : mais ce qu'il y a de plus surprenant, c'est qu'il offre dans chaque genre deux, ou pour mieux dire quatre sujets du premier ordre en réunissant les deux sexes : nul Spectateur n'y craint les doubles, & beaucoup les desirent.

La danse a fait parmi nous des progrès relatifs à ceux de la musique, & l'on sait que, dans cette partie, nos airs sont excellens. Ils ont même été adoptés par toute l'Europe. Ceux qui ont vu le célèbre *Dupré*, louent, avec raiſon, la noble ſimplicité de ſa danſe. Il étoit fini dans ſon genre ; mais ce genre ne s'étendoit pas fort loin. C'étoit, aux graces près, un enſemble de choſes regardées aujourd'hui comme aſſés-faciles. Deux grands ſujets (MM. *Veſtris* & *Gardel*) ſe diſputent maintenant la palme dans cette partie, qu'ils ont de beaucoup renforcée. Leur danſe n'eſt cependant pas la même. Tous deux excellent ſans ſe reſſembler. M. *Veſtris* met dans la ſienne plus d'élégance que de force : mais lors même qu'il ceſſera d'ambitionner ce qu'il n'a plus, il ſera encore admirable. M. *Gardel* joint à une vigueur qui étonne, un aplomb preſque ſans exemple, une préciſion plus rare encore, & les graces propres à chaque partie de ſon genre. A peine âgé de vingt trois ans, il atteint déja la perfection de son art. Il est à croire qu'il en reculera les bornes connues.

Le jeu des machines forme une partie essencielle dans un Opéra, & certainement c'est une des mieux servies dans le nôtre. On en doit dire à-peu-près autant du costume & des décorations. Le goût s'y trouve communément réuni à la magnificence.

En un mot, ce Spectacle est délicieux quant aux accessoires : mais le principal exige des réformes de plus d'une espèce. Il faut ajouter & supprimer. Ce n'est pas tout ; il faut savoir encore se prêter au goût dominant du Public. L'impulsion est donnée, & le mieux seroit de suivre, à propos, le tourbillon. L'Opéra peut même en retirer plus d'une sorte d'avantage : celui du lucre & celui d'exercer les jeunes ſujets. On devinera ſur cette ſimple annonce, que je conſeille au grand Opéra de légitimer un bâtard devenu plus riche que lui.

On devinera juſte ; mais il faut admettre ici quelques reſtrictions : il faut que cet enfant libertin ſe décraſſe & quitte le ton trivial qui lui a ſi bien réuſſi ailleurs. Il ne conviendroit point, par exemple, qu'un vil & dégoûtant Savetier vint tenir le haut bout ſur la ſcène où l'on a vû la veille figurer les Dieux, les Plaiſirs & les Graces. Pour trancher la métaphore, je voudrois que l'Opéra deſcendît quelquefois de ſa dignité ; mais ſans trop en deſcendre : qu'on y donnât des Opéras Comiques, mais dans le genre agréable plutôt que boufon : tels, par exemple, que le *Devin du Village* : tels auſſi que certaines Pièces du Théâtre Italien, comme *Ninette à la*

Cour, le Roi & le Fermier, On ne s'aviſe jamais de tout, Georget & Georgette, le Sorcier, le Bucheron, &c. Ces repréſentations auroient lieu les Mardis & les Jeudis. On en chargeroit les jeunes ſujets qui promettent & qu'on n'emploie pas. Leurs talens, ſouvent trop peu connus, ſe fortifieroient par cet exercice. On ſait qu'une des plus agréables Chanteuſes du Théâtre Italien étoit confondue & ignorée dans la foule des chœurs de l'Opéra. On puiſeroit avec fruit dans la même ſource.

Il en réſulteroit encore un autre avantage. On verroit d'après certaines Pièces mixtes ſi le génie du Poète, ou du Muſicien eſt propre à s'élever juſqu'à l'héroïque. On les exciteroit, on les encourageroit par plus d'un moyen à tenter cet eſſor. La diſette d'Auteurs tant

Musiciens que Poëtes, se fait vivement sentir sur ce Théâtre. Il faut donc aller, autant qu'il se peut, à leur rencontre, & surtout ne pas rebuter ceux qui se présentent.

Je vais hasarder encore une autre idée. Il est prouvé que la Danse peut embrasser toute une action. Ce qu'on a vû risquer avec applaudissement sur les Théâtres Italien & de l'Opéra Comique, peut à plus forte raison, s'effectuer sur celui de l'Opéra. Nul autre Spectacle n'est autant à portée d'y réussir. Décorations, machines, sujets pour exécuter, &c. tout se trouveroit sous la main du Compositeur. Il pourroit donner libre carrière à son génie. Ce seroit, en même tems, une occasion d'exercer celui des principaux sujets. Chacun d'eux seroit chargé de composer à son tour, & à son choix, un de ces Ballets pantomimes, soit sérieux, soit comique. Ce concours exciteroit l'émulation, & l'émulation produit les chef-d'œuvres. On pourroit donner ces grands Ballets à la suite des petites Pièces du Mardi & du Jeudi. Bien entendu qu'on ne s'astreindroit point à les donner régulièrement.

Vous insistez beaucoup sur un article dont je ne puis vous entretenir que par conjecture. La salle de l'Opéra projettée n'est encore qu'un projet idéal, ou du moins arbitraire. Il n'existe encore que la place où cette salle doit être bâtie. Je ne suis ni Architecte, ni Machiniste : ainsi je m'étendrai peu sur cette matière. Je me borne à un seul point qui paroît être le vœu de la multitude. Elle voudroit que dans la salle qu'on doit construire on pût être assis au parterre. J'ignore ce qui pourroit s'opposer à une demande aussi raiſonnable. Seroit-ce la petiteſſe ordinaire de nos ſalles de Spectacle ? Eh ! qui empêche de donner à celle-ci plus d'étendue ? Celles d'Italie ſont immenſes, & le Chanteur y eſt entendu de toutes parts. Il n'eſt donc queſtion que de prendre des meſures pour rendre les nôtres également ſonores. En tout cas, on pourroit augmenter d'un cinquième le prix des places du parterre. Il n'eſt perſonne de ceux qui le fréquentent qui ne ſacrifiât volontiers cette bagatelle pour ne pas reſter trois heures debout. Ce ſera même contribuer à la tranquillité du Spectacle que les flux & reflux du parterre ne troublent que trop ſouvent.

On m'oppoſera, ſans doute, un motif d'intérêt : on me dira que, le parterre devenant ſi commode, ſans preſque augmenter de prix, on abandonnera l'orqueſtre, les balcons & l'amphithéâtre où le prix des places eſt plus fort du triple. Mais on oublie qu'en France la vanité, les airs, conſultent peu l'économie. On eſt aſſis au parquet du Concert ſpirituel : arrive-t-il pour cela que les loges ſoient abandonnées ? Une des plus chères & des plus mauvaiſes places du Spectacle François étoit à coup ſûr le Théâtre : qu'on y remette des banquettes & les Acteurs y ſeront de nouveau étouffés.

Jeſuis, &c.

LETTRE IV.

Concert Spirituel.

IL me reste, Monsieur, à vous parler de ce Spectacle, qui n'est pas supposé en être un, puisqu'il n'a lieu qu'au défaut des trois autres. Vous savez qu'on n'y chante guères que de la musique de *chapelle :* mais nous avons des chef-d'œuvres en ce genre. On peut même dire qu'ils ont plus de caractère, & un caractère plus analogue au fonds du sujet que la plûpart des motets d'Italie. J'en juge, au moins, par comparaison & d'après quelques morceaux des plus fameux Maîtres Italiens : tel est en particulier le *Stabat* de *Pergoleze.* On y remarque plus d'un contresens musical, plus d'un défaut de convenance. L'Auteur y chante plutôt qu'il ne peint. Ce morceau, toutefois, exigeoit encore plus d'images que de chant, plus d'expreſſion que de légèreté. Ne confondons ni les genres de muſique, ni le caractère propre à chaque genre.

Les motets de M. *Mondonville*, & de quelques autres Muſiciens François, joignent, pour l'ordinaire, l'expreſſion aux images : on y trouve de beaux chants, & une ſorte de majeſté convenable au ſujet. Quelques-uns, il eſt vrai, ſont monotones ; mais ce reproche ne doit tomber que ſur les plus anciens. Ceux de M. *Mondonville* en ſont exempts : nulle muſique plus forte & plus variée que celle du *Te Deum* de feu M. *Calvière*. On peut y joindre également celui de M. *D'Auvergne*, ſon *Exultate juſti*, & d'autres morceaux de cet habile Artiſte.

Il y a quelques années qu'on donna de ſuite au Concert ſpirituel pluſieurs motets dans notre langue. Ils furent très-bien accueillis, & j'ignore pourquoi cet uſage ne s'eſt point ſoutenu. Rien n'empêche de le remettre en vigueur. Le Concert Spirituel eſt compoſé d'Auditeurs qui ont, pour la plûpart, oublié le Latin, & de femmes qui ne l'ont jamais entendu. Par cette raiſon, ils doivent préférer des morceaux dans leur langue maternelle à ces Pſeaumes pour eux inintelligibles. Nous ne manquons point d'ouvrages propres à cet objet. Les Odes ſacrées de *Rouſſeau*, quelques-unes de M. *Lefranc*, d'autres qu'on pourroit voir éclore, fourniroient une ample matière au travail & à l'émulation de nos Muſiciens. Ne pourroit-on pas encore y joindre quelques morceaux dans le genre héroïque ; morceaux où l'on rappelleroit certains évènemens glorieux à la Nation ou chers à son souvenir ? Quelque tête froide (car il en est maintenant plus en France qu'ailleurs) rira peut-être d'une pareille idée. Laissons, dira-t-elle, les Grecs s'enthousiasmer de leurs batailles de Salamine & de Marathon ; & quant à nous, soyons Philosophes & modestes. Soyez-le, j'y consens, répondrai-je : mais vous n'en vaudriez que mieux, si vous l'étiez moins sur ces matières. De plus, ce que je propose feroit variété ; ce qui devient un objet très-essentiel pour un Spectacle froid par lui-même.

La musique instrumentale forme une partie brillante de celui-ci. Les plus grands sujets de l'Europe accourent s'y faire entendre, & ceux que nous avons à demeure ne nous laissent aucuns regrets sur ceux qui ne sont que passagers. Outre deux des meilleurs violons du siècle *, nous pouvons nous flatter d'avoir les deux meilleurs violoncelles ** qui aient jamais paru, & c'est beaucoup si par la suite ils peuvent avoir des Rivaux. C'est, en un mot, à ce Spectacle où l'on peut jouir le plus complettement & des meilleures symphonies de chaque nation, & de la musique propre aux instrumens de toute espèce, & de l'exécution des plus habiles Maîtres dans des genres si opposés.

J'ai dit un mot sur la salle de ce Concert. Sa disposition a été reglée par l'intérieur d'un pavillon des Thuilleries qu'elle occupe en entier. Elle est trop bornée. Il seroit à four-

*M M. *Gaviniés* & *Capron*. Les vrais connoisseurs gémissent de n'y avoir pas joui plus long-tems du talent sublime de M. *Pagin*.

** M M. *Du Port* & *Jannson*. Ce dernier joint à la plus admirable exécution, l'Art, non moins nécessaire, d'intéresser l'ame.

haiter qu'on en construisît une tout exprès, & que cette nouvelle salle servît en même tems pour les bals de l'Opéra. On sait le dérangement qu'ils causent à ce Spectacle, & que les dispositions subites qu'il faut faire à ce sujet ne mettent point à l'abri de bien des inconvéniens. Elles en occasionnent même un grand nombre *.

Telles sont, Monsieur, mes différentes idées sur nos différens Spectacles. J'en ai supprimé quelques-unes que je ne crois pas encore pratiquables ; j'en écarte d'autres qui, sans doute, ne seroient jamais adoptées. Il ne faut point projetter comme l'Abbé *De Saint-Pierre*. Au surplus, mes projets tiennent à

* Il y auroit dans la Place du Carousel un terrein très-propre à la construction de cette Salle, puisque celle de l'Opéra ne doit point y être construite.

des objets moins graves que les siens. Je ne veux ni réformer l'Etat, ni donner des leçons aux Princes. Je parle seulement de choses qui, dans un Etat tel que le nôtre, ne peuvent être indifférentes ni au Prince, ni aux premières classes des sujets. Une foule d'exemples nous prouvent que le Monarque chéri qui nous gouverne en est lui-même persuadé. Il regarde les Spectacles comme le principal amusement de sa Cour; il les honore de sa présence; il accueille les talens qui s'y distinguent; il encourage les Auteurs & par des éloges & par des bienfaits. Sa magnificence les suit jusqu'au tombeau. Elle décore la cendre de notre *Eschile* d'un monument digne de l'une & de l'autre. *Louis XIV*, qui fit tant pour les Lettres, ne fit rien de pareil, & il est beau d'aller plus loin que *Louis XIV*. Ce n'eſt donc point le défaut d'encouragement qui ralentit les efforts de nos Poètes. La carrière pour eux eſt toujours la même : elle eſt, comme dans le ſiècle dernier, ſemée d'épines & de fleurs. La couronne deſtinée à ceux qui la franchiſſent n'a rien perdu de ſon éclat, & il ſeroit dangereux que cet éclat ſe perdît. L'art, pour avoir été porté ſi loin & ſi ſouvent pratiqué, n'en eſt devenu que plus difficile. Preſque tous les moyens connus ſont épuiſés ; il faut en chercher de nouveaux & puiſer dans de nouvelles ſources. Il faut, par cette raiſon, tolérer d'heureuſes hardieſſes. Une licence heureuſe a plus d'une fois conduit à des principes certains, quoique longtems ignorés.

Cherchons à prevenir le dégoût, à ranimer l'indifférence. Laiſſons les détracteurs du Théâtre confondre habilement les farces licencieuses du quinzième siècle avec les chef-d'œuvres décens du dernier siècle & du nôtre. L'homme impartial ne peut s'y méprendre. Le Politique voit encore plus loin. Il sait que nous ne sommes plus dans le tems où un Empereur d'Allemagne se croyoit bien reçu, bien amusé à Paris avec des Plaidoyers, des Thèses de Licence & des Processions de l'Université. Je doute qu'aucun Milord Anglois voulût passer la *Manche* à ce prix. Il existe au-delà des Alpes, une ville autrefois bien formidable, aujourd'hui bien déchue de sa puissance. Elle ne doit ce qui lui reste d'éclat qu'aux seules productions des Arts : ils ont réparé ce qu'avoit détruit la fureur des armes. C'est pour jouir de ces chef-d'œuvres qu'on voit l'Anabaptiste, l'Anglican, le Luthérien, le Calviniste, le Grec, accourir de toutes parts dans la Capitale du Monde Catholique. *Léon X* répara une partie de ſes pertes en protégeant *Michel-Ange* & *Raphaël :* mais ſi Rome eût pu y joindre un *Corneille*, un *Racine*, un *Molière*, un *Quinaut ;* les *Sbires* auroient, ſans doute, moins à faire, & les Receveurs de la Douane ſeroientplus occupés.

J'ai l'honneur d'être, &c.

P. S. Le concours excité par la Tragédie du *Siége de Calais*, ſemble démentir une partie de ma première Lettre. Jamais, dira-t-on, le Théâtre François ne fut ſuivi avec plus d'activité. Je répondrai qu'une affluence momentanée ne prouve rien contre un abandon trop réel & trop conſtant.

www.ingramcontent.com/pod-product-compliance
Lightning Source LLC
LaVergne TN
LVHW020439230826
846091LV00004B/1552

9782011910943